小跳豆 Jumping Bean 幼兒 禮貌 故事系列

# 在學校要有禮

新雅文化事業有限公司
www.sunya.com.hk

# 小跳豆
## 幼兒禮貌故事系列

### 跟着跳跳豆和糖糖豆養成良好禮儀！

在幼兒的成長關鍵期，父母不僅要關注他們的腦力發展，更要讓他們養成有禮好習慣。但是，爸爸媽媽如何在愛護孩子的同時，避免養成「小王子」和「小公主」呢？

《小跳豆幼兒禮貌故事系列》共 6 冊，透過跳跳豆和糖糖豆的日常生活經歷，帶領孩子在不同場合中，包括：**在學校時、吃飯時、客人來了時、乘車時、在公園時**和**在圖書館時**，學習保持有禮的態度和適當的行為處事方法，讓孩子從小建立良好的品格。除了言教之外，更重要的是，父母要以身作則，為孩子樹立有禮貌的好榜樣。早上見到孩子應先說「早晨」；讓孩子取東西時，要說「請」、「謝謝」；做得不對時，要說「對不起」……這樣久而久之，孩子就會自自然然養成有禮貌的好習慣。

書後設有「親子小遊戲」，加強孩子的禮貌常識，培養他們正確的待人處事態度。「有禮評分區」讓孩子給自己的日常表現評評分，鼓勵他們自我反思，促進個人成長。

# 新雅・點讀樂園 升級功能

## 讓親子閱讀更有趣！

　　本系列屬「新雅點讀樂園」產品之一，若配備新雅點讀筆，爸媽和孩子可以使用全書的點讀和錄音功能，聆聽粵語朗讀故事、粵語講故事和普通話朗讀故事，亦能點選圖中的角色，聆聽對白，生動地演繹出每個故事，讓孩子隨着聲音，進入豐富多彩的故事世界，而且更可錄下爸媽和孩子的聲音來説故事，增添親子閱讀的趣味！

　　「新雅點讀樂園」產品包括語文學習類、親子故事和知識類等圖書，種類豐富，旨在透過聲音和互動功能帶動孩子學習，提升他們的學習動機與趣味！

想了解更多新雅的點讀產品，請瀏覽新雅網頁(www.sunya.com.hk)或掃描右邊的QR code進入  。

# 如何使用新雅點讀筆閱讀故事？

## 1. 下載本故事系列的點讀筆檔案

1️⃣ 瀏覽新雅網頁(www.sunya.com.hk) 或掃描右邊的QR code

進入  。

2️⃣ 點選 下載點讀筆檔案 ▶ 。

3️⃣ 依照下載區的步驟說明，點選及下載《小跳豆幼兒禮貌故事系列》的點讀
筆檔案至電腦，並複製至新雅點讀筆的「BOOKS」資料夾內。

## 2. 啟動點讀功能

開啟點讀筆後，請點選封面右上角的  圖示，然後便可翻開書本，
點選書本上的故事文字或圖畫，點讀筆便會播放相應的內容。

## 3. 選擇語言

如想切換播放語言，請點選內頁右上角的 🈳🈵普 圖示，當再次點選內
頁時，點讀筆便會使用所選的語言播放點選的內容。

## 4.播放整個故事

如想播放整個故事，請直接點選以下圖示：

## 5.製作獨一無二的點讀故事書

爸媽和孩子可以各自點選以下圖示，錄下自己的聲音來說故事！

① 先點選圖示上 爸媽錄音 或 孩子錄音 的位置，再點 OK，便可錄音。

② 完成錄音後，請再次點選 OK，停止錄音。

③ 最後點選 ▶ 的位置，便可播放錄音了！

④ 如想再次錄音，請重複以上步驟。注意每次只保留最後一次的錄音。

爸媽請使用
這個圖示錄音

孩子請使用
這個圖示錄音

跳跳豆很喜歡上學。
今天他特別開心，
因為爸爸答應帶他和
糖糖豆上學。

到了學校大門口，
跳跳豆和糖糖豆有禮地
向校長打招呼說：
「校長，早安！」
校長說：
「跳跳豆、糖糖豆，早安！」

爸爸摸摸跳跳豆的頭，說：
「你在學校要專心上課，
放學後我來接你和妹妹。」
跳跳豆高興地説：
「知道了，爸爸。」

從學校大門到課室，
跳跳豆和糖糖豆遇到茄子老師
和校工阿姨都會主動打招呼，
大家都稱讚他們是有禮貌的
好孩子。

上課了，
茄子老師帶領大家一起做體操。
踢腿的時候，
脆脆豆不小心踢到了跳跳豆，
他連忙對跳跳豆説：「對不起！」
可是跳跳豆卻瞪着他説：
「笨蛋！」

接着，茄子老師請同學説故事。
跳跳豆舉手，大聲叫：
「茄子老師，我會説！
我會説！」

茄子老師示意跳跳豆放下手，
但沒有請他說故事，
卻請害羞的小紅豆試一試。

小紅豆站了起來，
但她緊張得一句話
也說不出來。

跳跳豆又大聲說：
「茄子老師，你看！
她不會說故事，
讓我說吧！」

下課後，
茄子老師把跳跳豆叫到一旁，
對他說：「跳跳豆，
你知道剛才這樣說小紅豆
是沒禮貌的行為嗎？」
跳跳豆低聲說：
「茄子老師，我知道錯了。」

茄子老師又説：
「老師知道你是個
尊敬師長的好學生，
希望你對同學也友善有禮，
你能做到嗎？」
跳跳豆説：「我做得到！」

放學的時候，
跳跳豆對脆脆豆和小紅豆説：
「脆脆豆、小紅豆，
剛才我太沒禮貌了，
請你們原諒我。」
「沒關係，跳跳豆。」
脆脆豆和小紅豆説，
「我們是好同學。」

# 親子小遊戲

小朋友，你知道下面這些場合應該使用什麼禮貌用語嗎？
請把代表答案的數字填在 ◯ 內。

1. 早安！　　2. 謝謝！　　3. 對不起！　　4. 再見！

A.

早安！

B.

C.

再見！

D.

答案：A-1；B-3；C-4；D-2

# 有禮評分區

小朋友，你能做到以下的事情嗎？做得到的話，請你把♡填上顏色。然後跟爸爸媽媽說一說，你獲得多少個 ♡。

我會有禮貌地向校長、老師、校工打招呼。　　　　　♡

我會有禮貌地向同學的爸爸媽媽打招呼。　　　　　　♡

我會有禮貌地排隊玩遊戲，不爭先恐後。　　　　　　♡

需要別人幫忙時，我會說「請」。　　　　　　　　　♡

接受別人幫忙時，我會說「謝謝」。　　　　　　　　♡

做錯事時，我會說「對不起」。　　　　　　　　　　♡

小跳豆幼兒禮貌故事系列

# 在學校要有禮

原著：楊幼欣

改編：新雅編輯室

繪圖：郝敏棋

責任編輯：趙慧雅

美術設計：鄭雅玲

出版：新雅文化事業有限公司

香港英皇道499號北角工業大廈18樓

電話：(852) 2138 7998

傳真：(852) 2597 4003

網址：http://www.sunya.com.hk

電郵：marketing@sunya.com.hk

發行：香港聯合書刊物流有限公司

香港荃灣德士古道220-248號荃灣工業中心16樓

電話：(852) 2150 2100

傳真：(852) 2407 3062

電郵：info@suplogistics.com.hk

印刷：中華商務彩色印刷有限公司

香港新界大埔汀麗路36號

版次：二〇二一年五月初版

二〇二四年四月第三次印刷

ISBN: 978-962-08-7694-3

© 2021 Sun Ya Publications (HK) Ltd.

18/F, North Point Industrial Building, 499 King's Road, Hong Kong

Published in Hong Kong SAR, China

Printed in China